給 所有正在創業路上
努力的每個人

序、前言

紅磚精神：「代表了堅韌、堅定與信念」。紅磚精神來自我兒時深刻的工作體驗，在逆境中決不輕易屈服的精神。

從小在工寮長大的我，受到父親的影響，時常跟著父親在工地來回穿梭，在父親身旁搬磚頭時，感受到每一塊磚頭的重量，明白每一塊磚頭的意義，一磚一瓦築起信念，陪伴我走過婚姻的盡頭、父親的逝世、新生命的誕生與創業的開始。

即使遇到挑戰和困難，我也堅定地持續向前，透過信念和堅韌，成功打造新的事業，從電子業到美業的轉變過程，更彰顯了紅磚精神在逆境時給予的力量。這些紅磚，不僅支撐了兒時的家庭生活，更建構了我的信念與堅持。

第一章

一切之始

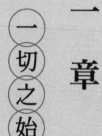

●工寮童年

兒時的記憶總是模糊又清晰，對比今日生活與此時此刻的我，童年變得好遙遠也好陌生。但是，對於當時沒能擁有的一切，卻恍如昨日。還記得小時候，羨慕身邊的朋友們手上拿著絨毛娃娃，身穿各種飄逸的洋裝蓬蓬裙優雅的彈著鋼琴，而陪伴我身邊是家中隨手可得的木材、鋼絲。

我是在這樣的工寮環境下長大的。

以木材及鐵瓦片搭建的工寮就是我成長的環境，容納爸爸、媽媽、我及兩個弟弟一家五口外，還有伯伯伯母叔叔嬸嬸姑姑及堂兄弟姐妹，工寮每個角落都擺滿了父叔伯們的工作器具，除了木門鋁窗外，還有填縫劑、磁磚、水泥和沙，以及來自各地的木材，拆除下來的廢棄物，剛硬的材料及各種工具佔據了大半的空間。當時住在工寮裡，在不經意中，築起了一個剛硬的我，雖然年紀小，卻有滿身的倔強和骨氣。即使心中總是羨慕著朋友們，擁有各式各樣漂亮的衣服以及芭比娃娃，但我從來沒對父母說出一句：「我也想要一個自己的娃娃。」

父親從事裝潢拆除工程，為了生活奔波在大大小小的工地，拆除一面又一面斑駁的牆，再慢慢地以木材一面又一面的砌上。母親則協助工人們的飲食起居或在旁等候父親差遣，適時地，讓父親的工作能夠順利和流暢。每當放學回到家中，總會看見父親滿身塵土及一身疲憊，聽著他們說著今天的工作進度，討論著明天該如何趕工。

父母那個年代，民國四十年間，到學校受教育是一件很不容易的事，而父親小學三年級讀完後就開始打零工，在十四歲時就北上學木工，而母親則是完成小學學業後就沒有再繼續就學。當時並不注重教育的環境和品質，比起讀書，大多數人更傾向踏入社會，期待能夠擁有一技之長和謀生能力。爲家中分擔家計。穩定的工作及收入成了許多人努力的唯一方向，我的父母亦然。由於那個年代的教育環境，父母親並不太會注音符號，能夠讀寫的文字也不多，而我因此成了他們的翻譯官。當家中有任何文件和資料需要填寫申請時，都是由我負責代筆。父母會將他們拿到的那張紙交到我手上，拿到紙張的我，總以最快的速度找出一隻合適的筆，馬不停蹄地展開翻譯官的工作。一字一句的朗讀解釋給我的父母，再將他們的回應化爲文字，一字一字地填上。縱使大多時候只是將他們的名字以及家中的地址填在表格上，但卻讓那時小小的我有了一份使命感，也是第一次感到，原來我是有能力幫忙父母的，儘管只是如此渺小的事情，都能讓我體會到爲家人付出的美好。

偶爾學校放假時，父親會帶著我到工地請我做他的幫手，好讓母親可以獲得短暫的休息。耳濡目染下，我熟練地將父親需要的工具遞給他，就像平時母親協助他那樣。「阿你有沒有認眞讀書？要多讀點書以後工作才不會像我們一樣辛苦，賺這個辛苦錢哦！」在一旁工作的師傅看著我對我說。那時的我天眞地以爲，只要認眞讀書未來工作就會很輕鬆，認爲需要辛苦工作的人都是不認眞讀書的學生。直到多年以後創業才明白，沒有一份工作不辛苦，只是辛苦的程度和地方不同。我的父母付出勞力爲了家庭，辛苦的工作著，而此時的我，也爲了自己的家庭，同樣辛苦·，也同樣努力著。

●青春之歌

國中時，我的成績一直是班上排名的前段班，成績好的學生分很多種，而我剛好是屬於不會花太多時間在讀書上，特別會考試的那種學生，國一時成績名列前茅，總是維持校排前百名。因此，父母不曾花太多心思擔心我的學業，更不會特別叮嚀我要看書、要好好準備考試，而是很放心的讓我自己安排時間讀書，規劃和朋友們出門玩樂的時間。可能因爲我的成績不會讓他們失望，他們總是會帶點驕傲語氣說：「高中聯考時，應該不是北一女就是師大附中。」從他們的不經意中，才發覺他們對於我的未來有著怎樣的期待，又對於我寄於怎樣地厚望。

莫不皆有年少之時，國中時的我們，除了成績以外，更重視的是「同儕間的關係」。那時的我們，會因爲朋友間的一句話而做出不一樣的選擇，也會因爲朋友，做出可能影響一生的決定。

國一準備升國二時，班導特別和班上各個學生一對一地，針對成績檢討讀書情況並諄諄教誨一番，告訴你該如何提升成績，又該如何培養讀書習慣；該如何看待自己的未來，又該如何考上期望的學校。聽到同學離開辦公室回到教室的分享，做好心理準備的我緩緩走進老師的辦公室，而老師只花了前後不到五分鐘的時間和我對談，說是對談也不太準確，因爲當時老師只跟我說了句：「按照目前的成績繼續保持，下次考完試就可以進到＋A班了。」沒有進行任何的「談話」，而是說完這句話，就讓我回到教室，要我叫下一位同學到辦公室找他，繼續下一個對談。

那時和幾個女生好朋友組成了一個屬於我們的小小團體，總是會在課間傳著紙條說些和課堂無關的小事，討論放學後要去哪裡吃冰，假日又要去哪裡玩。女生間的友情總是會將我們綁在一起，彷彿是命運共同體，上廁所要一起、熱便當要一起、讀書也要一起。在每個一起中，我心中暗暗認定，這樣的友誼是一輩子的。縱使和朋友間的成績有一定程度的落差，並未因此而影響我們的感情，我們四個女生說好，段考後的分班還要繼續在一起不分開。由於和朋友間的約定，心中擔心段考後我們的小團體就會因成績不同而解散。因此，我做了一個在當時自稱爲「義氣」的決定。

那次段考的科目總共有七科，考前刻意地不做任何的準備，一心想著：「只要考不好，我就能繼續和朋友們同班，繼續維持我們的小團體，一如既往地做什麼都在一起。」於是，在那次的段考中，總共七張考卷，在每堂測驗中的每張考卷上，只寫上自己的名字，沒有塡寫任何答案，等到考試時間一到，將那張只有名字的試卷交到老師手上，心中還暗暗自喜：「朋友們知道我爲了和他們在一起而交白卷一定會很開心」。直到隔周成績出來後，果不其然地成績單上滿滿的紅字，沒有遵照老師的叮嚀囑咐順利地進入+A班，而是分到了-A班的班級。原以爲老師看到成績一落千丈的我，會將我叫到辦公室詢問交白卷的原因，接著再曉以大義一番。結果老師只是發回了上面寫著大大零分的考卷，沒有多說一句話。還記得那時老師的沉默，反而讓我感到些許的愧疚。

如願與朋友一起去了「A班以後，繼續開心地和我們的小團體一同維持我們的日常，而這樣的日常卻沒有持續太久。四個人的小團體中，突然地某一天，其中一個朋友開始不跟我說話，沒有任何原因也沒有任何爭吵。接著，第二個也不再約我一起熱便當、一起上廁所，最後，第三個朋友也加入了他們不再和我有交集的行列，就這樣突然且莫名地，我不再是那個團體的人，就這樣被排除在團體之外，而我們的友情就這樣毫無預警的結束了。

個性一向倔強的我，心理驕傲的自尊心不許自己去追問友情終止的原因，就這樣默默的接受了我們不再是「一起的」，而他們也找到新的朋友替代了我原本的位置，組成了新的團體，擁有新的友情。在那之後，我在班上成了獨行俠，做甚麼事情都寧願自己一個人，也不再想加入任何小圈圈，只想自己一個人安安靜靜地撐到畢業離開學校的那天。

青春期的我們總是將朋友看得很重，以爲當時的友情就是一輩子，就是天長地久，經過多年後才明白，人與人之間就像各自拉著一條線，當有一方放手後，那條線將不再有意義。

縱使那時做的決定造成後來高中聯考後的就學困境，但我也因此瞭解，人生中所做的每個決定都應該要爲了「自己」而不是「別人」，爲了別人而做出的選擇，承擔的始終還是自己。從國中事件過後，我也更加堅定，未來所做的每一個選擇、每一條路都必須爲了自己，一切才不算浪費、才會有意義。

●龍年效應

「龍」在華人文化中受到極高的尊崇與景仰，龍年也被視爲華人傳統裡很重要的一個年份。尤其在傳統價值觀裡，「龍」即代表好運、神聖和吉祥，因此有許多父母特別希望孩子能在龍年出生，祈禱家中小孩能因此獲得更好的命運或前途。

「很幸運」的我，出生的年份恰好是龍年，承襲許多父母的盼望，對於家中有個生肖屬龍的孩子，也成了父母和朋友們能夠聊上兩句的話題。「龍年出生的一輩子不愁吃穿啦」、「好多公司大老闆都是龍年出生的捏」、「吼，龍年出生很好命欸」，常常從家族長輩以及父母的朋友口中，聽到諸如此類的「預言」。

不曾想，每個家庭都希望家中孩子能得到龍年的祝福與庇佑，同樣在龍年出生的人數更是超乎預期。記得當時，同學年的學生人數就有兩千五百人，學校更是從原本年級的分班，硬是拆成兩班，總共有五十班，每班五十個人，小學的時候，甚至還是分爲上午班和下午班，大家輪流上課。

由於當時國中是以成績分班，分爲$^{+}$A、A及$^{-}$A班，$^{+}$A班的學生大多是以前三志願爲目標志向用功讀書的佼佼者，學校的師資及資源自然而然也都分配到$^{+}$A班，給學習成績優異的學生們。相較之下，A或$^{-}$A班的老師則不會像$^{+}$A班的老師們，花那麼多時間在教學及督促成績上。那時，因段考成績空白，而被分到$^{-}$A班的我心想：「卽使不在$^{+}$A班，我可以靠自己的努力，唸到理想中的學校。」於是依照自己的方式，利用課堂及課間準備高中聯考，反正當時沒什麼朋友的我，一心一意將希望寄望於高中生活，心想只要離開這裡就能有新的生活。因此，總會在課堂間讀著和課程無關的科目。

有一次，課堂的老師發現我總在上課時讀著自己的書，無心聆聽上課內容，於是在課堂上大發雷霆。在同學的注目下，老師沒收了當時正在讀的高中聯考書並怒斥著說：「你沒有那麼厲害，可以在課堂上做自己的事，考上第一名再來跟我說你多厲害，厲害到可以不用聽課。」當下被老師斥責的我，只感到丟臉和生氣，心中一點兒都不認爲自己有做錯事的地方，想著爲了高中聯考做準備錯在哪？很多人在課桌椅下偷看小說漫畫、做自己的事，有的學生甚至還在睡覺，老師卻不訓斥他們，爲什麼只拿我開刀！心中憤憤不平的同時，也因老師的這段話而激起我的鬥志，心想：「好！那我就在畢業前考一次第一名給你看看。」

從那次以後，我便不在課堂間自顧自地讀著課堂以外的書，在每個老師的課中專注聽課，縱使課程與考試科目無關，我依然仔細地聽講。然後，利用放學及休假的時間全心全意的準備高中聯考，只爲在畢業前證明給那位老師看，我是有能力靠自己讀好書考高分的！

高中聯考前，學校最後一次的模擬測驗，憑著自己的努力和毅力眞的考上了第一名，帶著挑釁的心態拿著成績單找到那位老師，雙手遞出我的成績單給老師，而老師看了看成績單並對我說：「希望你繼續保持，在課堂間卽使與考試無關，也要做好一個學生應有的本分。」原以爲老師會因我考了第一名而感到無地自容和驚訝，但老師的反應是那樣的平淡，且帶著一點欣慰的口吻對我說：「高中聯考時只要你正常發揮，目標志願一定可以如願的。」透過老師的回應，我才意識到，原來老師的用意從來都不是成績，而是希望我懂得「尊重」。不論課堂上的內容是否與考試相關，認真聽講是對台上的人一種尊重。恍然大悟地同時，也很感謝老師為我上了一堂課堂以外的課，讓我學到，甚麼才是身為學生應該有的態度。對於品格、對於師生間的關係，或許就是在那時得到啟發，而成為日後踏入補教業，也十分重視的一環。

學校的模擬考結束後，很快就到了高中聯考的日子，我記得老師說的：「正常發揮，就能考到理想的學校。」於是，沒有太多的緊張與擔憂，就這樣以平常心前往考場。一個月過後，高考成績出爐，撕榜單的順位排到第三天，心想著：「以我的成績我想就讀的致理專科學校一定沒有問題。」安穩的睡了兩個晚上，直到隔日早晨準備到學校準備撕榜單時，才驚恐地發現，致理專科學校的名額早已經被全數撕完，接著順位查看雙北的其他學校時，也完全沒有任何我想就讀的科系了！最後，只能再往後塡宜蘭的復興專科學校國貿科，當下的我晴天霹靂，原以爲成績符合預期，就能順利錄取心目中的學校。沒想到，千算萬算我完全遺忘了國中剛分班時的激烈狀況，因爲「龍年效應」的關係，單一校單一年級的學生就有兩千五百人，去年高中聯考的錄取成績自然無法與今年的就學人數成績相比了！龍年出生的小孩太多，理所當然地高中學校的名額變少，競爭力也更大了，所以根本無法依照先前的參考分數選到想要的學校。

從沒有想過，達到了與去年同樣的錄取成績，卻沒有辦法如願就讀想要的致理專科學校。當時的我只剩下兩個選項，第一個選項是遠赴宜蘭就讀；另一個選項則是到補習班報名「重考班」留級重考。而我，不願意再重新經歷一次當考生的生活，於是毅然決然地決定遠赴宜蘭就學。

回想當時叔叔阿姨們所說的，龍年的好運、吉祥與祝福，沒有任何一件發生在我身上，反而因爲龍年競爭人數太多的關係，就學門檻提高，沒能進到我心目中的學校就讀。走到至今的人生，一路上也是碰碰撞撞，不禁想：「龍年就跟一般的年份沒有差別，想要的東西終究得靠自己去創造，而不是倚靠命運！」縱使，從來沒有因龍年而獲得甚麼特別的際遇和待遇，但我總認爲龍年代表的精神「不輕易退縮，不輕易低頭，更不輕易妥協」這三點卻非常顯著地在我身上，不論是在就學的過程裡、在創業的道路上，還是婚姻的瓶頸中，都藉著這樣頑固的信念一一走過了，這樣的態度，也在人生中的每個階段，成就了不同的我。

第二章

風雨欲來

●婚姻盡頭

一直以來的感情路上都不是太順遂，所以當你遇到一個認爲和過往截然不同的對象時，很容易就將全部的自己梭哈，並盼望著未來有個完美的另一半。

第一份工作在電子業上班，一開始公司在台北市，入職不到三個月，公司爲了要節省營運成本，搬遷到楊梅，住在中和的我每天早上要先擠進人來人往的車站，搭車到內壢車站，然後穿越一層又一層的人群後，接著轉車才到楊梅公司。那時爲了工作，每天過著早起通勤的生活，一天工作結束後，再重複一樣的行程，看著時刻表的車班再搭著火車回家。有一次，在公司的聚會上，同事間聊天聊著，突然聊到各自通勤的時間，當大家問到我時，我回：「平常幸運的話就兩個小時，不幸運人多的話就要三個小時。」大家都驚訝又好奇地問，到底是住哪裡？要花那麼久的時間上班。一旁的主管聽聞我每天都是這樣搭車又轉車，才能抵達公司準時打卡上班時，於是轉頭對我說：「我也住在台北，每天都是開車來回上下班，如果你不介意，我可以順路載你一程，以後就不用再搭火車了。」當時沒有想太多，單純覺得自己分配到了一個好的部門，主管人又好地願意讓我搭順風車，於是心懷感激地感謝主管，結束了通勤的日子。

一段時間過去，由主管接送的日子，他一如往常地會在路上寒暄，並且詢問近期的工作進度與狀況，這個過程中沒有發現主管有任何工作以外的意圖，每天接送的日子裡，也從來沒有不舒服的事發生過。

直到有一天，在部門的工作結束後，主管主動邀約大家在下班後聚餐。我們到了熱炒店，大家工作過後，都想要卸下一天的疲憊好好地放鬆，點了三輪啤酒過後，什麼工作、什麼同事、什麼主管的事全都拋諸腦後。只想在當下好好享受這一餐，享受每一口啤酒。聚餐結束後，彼此打了聲招呼後就各自前往回家的路，這時，主管將我拉到一旁問道：「最近工作有沒有甚麼困難或狀況，有問題的話我都可以幫你處理。」我回答：「沒有甚麼太大的狀況，工作都在進度上，發生的狀況跟問題我都還能自己解決，謝謝你的關心。」當我回答完後，這時主管猝不及防地突然將嘴靠上我的臉，而我下意識地反應躲掉，並且告訴主管：「你喝太多了，今天我可以自己搭車回去，你也該早點回去休息了。」這時主管突然惱怒地對我說：「你以爲你是誰，所有的付出都是要有回報的，不然你以爲我每天接送你幹嘛！」當時，我愣住了，腦袋突然一片空白，我沒有想過，我所認爲單純的幫忙，主管照顧下屬的順路接送，結果都是自己以爲的，別人卻不這麼想。於是，我頭也不回地就逃離現場，一心只想著要快點搭車回家，在車上時眼淚不爭氣地掉，害怕與無助的情緒哽在喉嚨，不敢哭出聲，也不知該向誰訴說今晚發生的一切。

發生了這件事以後，從原本搭主管的車上下班，突然回到自己通勤，身邊的同事不免問道，到底發生了甚麼事，但我始終沒有說出口。面對大家的詢問，也只是簡單回答：「自己搭車比較沒有壓力，怕晚下班會耽誤到別人的時間。」在公司，主管對待我的態度，從一開始的關照到後來的無視，要交辦給我的工作，也都轉由其他同事處理，在公司就像被冷凍一般，沒有特別的事就不會叫上我，因此到了年末公司要晉升加薪時，自然也就沒有了我的份。儘管如此，對於當初願意幫助我的主管，還是心懷感念的，心想著：「守好工作上的本分，做好應該做的事，其他的事和情緒都不要帶到工作中。」

當時，一心一意只想做好自己的工作，不想被其他人事物而影響，職務上一直都是需要和生產管裡部門的人員密集溝通與聯繫，確認產品的交期及配貨的控管。而當時共事的窗口，成了我後來的先生。

擔任生管的先生大我十二歲，當時對於我來說，只是一個職場經驗老道的前輩，在工作上能夠提點許多事，同時也是每天都會有交集的工作夥伴。因爲都在同一間公司，多少也都有所耳聞公司發生的事。有一天他突然問：「之前你主管不是都會接你一起上下班，爲什麼後來沒有再讓他載了？」聽到他的詢問時，心裡想著，原來不同部門的人也都知道這件事啊！或許因爲這個事件以及這段期間，積累了太多的情緒和委屈，出於對他的信任，我就將當時發生的事情告訴了他。而他聽完以後，沒有多做回應，只是靜靜地聽著我將事情的原委一一道出。於是，他成了公司唯一知曉事情始末的人，從那時開始我將他視爲工作中的浮木，能夠與他暢所欲言。隨著時間一天一天過去，我們慢慢地從原本交談工作以內的事，到後來，開始關心彼此的生活。就這樣聊著聊著，自然而然地就走在了一起。

當時先生住在新竹，而我依然住在台北，談著六十五公里的「遠距離戀愛」。長時間的分隔兩地持續了三年，記憶中這段期間我們極少有過衝突和爭吵，想起來都還是戀愛的美好。彼此展現最好的那一面，盡可能的隱藏自己的缺點，只希望這份得來不易的感情，能夠好好維繫著。

交往期間，當父母親知道我有個大我十二歲的交往對象，但從來沒有要求要見面，對於這個對象，他們也不曾發表過任何意見。直到交往一年後，父親見我依然和同一個對象交往，意識到我很認真的對待這段感情時，才開始表達他的想法。「你們年紀差這麼多，你要找什麼對象沒有，要跟這個在一起啊？」聽到父親這樣說，心底叛逆的聲音又再次響起：「年齡差距有甚麼關係阿，找處的來的另一半才重要不是嗎？」當時我的回答堅定又決絕，只想捍衛自己做的決定。父親見溝通無果，於是採取更激烈的行動：「你如果要繼續跟他在一起，我就自殺給你看！」父親這一番言論，讓我頓時不知該如何回覆是好，也從沒料想到，原來我交往的對象，在他們眼裡是如此的不般配，他們寧願我孤身一人，也不願我和當時的先生繼續交往。見父親如此強硬的態度，從原先想繼續堅持的心，到後來仔細思考是否該放棄這段感情，因爲，我不願因爲一段感情，而承擔失去父親的可能。那次以後，我就再也沒有在他們面前提到先生的事，不希望因爲這件事又造成父母親的不愉快，想著或許這段感情也走不到婚姻。於是，很長一段時間，家中的每個人對於我的感情事再也沒有提起過。

就這樣我們又默默地談了兩年戀愛，父母親儘管不問、不聽、不說，但也心知肚明。出乎意料的是，那年的清明節，陪著父親回到臺東掃墓祭祖，我們父女倆一同整理古厝時，父親突然平靜且悠悠地說：「你們兩個要不要結婚辦一辦了？」面對父親突然其來地想法，我感到無比地莫名，也不知爲何父親竟突然有這樣的想法，畢竟他可是這三年來，一直吵著要我們分手的人阿。從頭到尾反對的父親突然沒來由提出要我們結婚，我一時反應不過來，儘管，當時從未和先生討論過任何有關婚姻的規劃。縱使當時我心中滿是疑惑及不確定，但聽到父親開口後，腦中第一個念頭只想著：「既然父親同意了，那就結婚吧。」於是，我在尚未釐清自己對於婚姻的意願，也從未想過對象是否合適的情況下，就這樣步入了婚姻。

結婚初期，我們依然分隔兩地，那時的關係一如交往時般的美好，直到後來，我們在新北買了第一間屬於我們自己的房子，夫妻開始住在一起，才有了眞眞切切的實際相處，過往彼此隱藏的那些缺點，也在這時候開始一一浮現。

住在一起後，我們開始會因爲生活上的芝麻小事爭吵，襪子沒放好、垃圾忘了丟、今天的碗誰洗，誰爲了家庭付出的比較多，爲什麼每天都要回娘家?所有以前不會覺得的問題，都成了爭吵的開端。除此之外，我們倆對於經濟的觀念以及用錢的方式也非常的不同，我想，這才是造成最後分開的眞正原因。

那時的我們，工作收入始終達不到我們夫妻倆的理想狀態，尤其買了房子，又有了孩子以後，每個月固定的支出，房貸、車貸、小孩的學費、水電費，甚至是夫家父母的開銷，林林總總加起來都成了負擔。我們也開始爲了每一筆開支斤斤計較，近達七年未出門工作的先生認爲，改善經濟狀況最好的方式就是投資，但對於我來說，投資的風險不是當時的我們所能承擔的。先生認爲小孩的才藝費不必要，執意想中止當時女兒的鋼琴課，我卻認爲先生應該再找份穩定收入的工作，而不是犧牲孩子的興趣轉而投資。於是，我們開始因爲家庭開銷無止盡的爭吵，在我們倆之間，始終找不到一個平衡點能夠眞正的解決對金錢價值觀的看法。直到小女兒出生滿二歲時創立補習班，我也持續地在電子業工作，原以爲由我負責家中的經濟，由他負責照顧兩個小孩的飲食與生活起居，雙方分工合作。是一個好辦法，也能夠在我們彼此的取捨中，找到新的相處方式。結果，還是令人失望了。

當我在外從白天工作到黑夜，回到家中，看到小孩沒洗澡，成堆的衣服，洗碗槽的碗盤還有小孩等著我看功課。而先生依然沉迷於他的電玩及他自以爲會從天上掉下來的投資機會，就可以改善我們的經濟狀況。當下的我，除了一身的疲憊，還有滿滿的無力感，我不知道該怎麼做，我們的家才能像一個「家」。儘管滿腹委屈，依然抱有希望，持續且不斷地與先生溝通：「能不能把家裡整理好，將兩個小孩照顧好，讓我每天回來不用再花那麼多的時間去收拾善後？」先生的回覆還是千篇一律地：「我有做啊，你不滿意我也沒辦法。」從沒想過，經營婚姻；經營家庭是如此花費心力，原以爲只要夠堅定且用心地，就能維繫婚姻。不願意這麼多年來的感情就這樣結束，一心一意只想守護我們的家庭，想守護這個家。但當抱有這樣的想法，所受到的傷害也就比曾預想的還要大。

我們婚姻眞正的盡頭，是在那年先生投資失敗本金全無，他在未告知我的情況下，將我們當時住的房子向銀行抵押貸款。在毫無預警地接到銀行來電，電話那頭告知：「你們房子的貸款申請還需要補交印鑑哦。」我當下的腦袋瞬間一片空白地問：「甚麼貸款申請？誰申請的？」儘管憤怒、無助和絕望的情緒交錯，還是努力忍住保持鎮定，盡量不流露出任何一點驚慌失措。深怕在旁的同事，會問我一句：「怎麼了？」而我卻不知道該如何回答。忙完手中的工作後，下班時間一到就匆匆忙忙地收拾辦公桌，想盡快回家搞清楚現在到底是甚麼狀況？我帶著困惑與無助，一打開房門就找到先生詢問：「現在到底是怎麼一回事？」沒有想到先生沒有任何歉意地回答：「就投資失敗賠了一點錢，所以房子先拿去貸款了。」我不敢置信地問：「賠了多少，甚麼時候的事，這樣下去我們甚麼時候才能把債務繳清？」先生接下來說的話讓我瞬間清醒，讓我明白，我的婚姻終究還是錯付了。

「你就辛苦一點吧！」先生回。

我想確認，自己是否眞的從先生口中聽到這樣的回答，這七個字在耳邊不斷迴盪，腦中的聲音告訴我：「你沒有聽錯，這就是他的回答！」原來，人在極度失望或悲傷時，是不會感受到任何情緒的，在那當下我的全身完全感受不到一絲憤怒或難過。取而代之的則是無比清醒的思緒，他的回答讓我瞬間明白，原來過往的所有付出都被視爲理所當然，被視爲理所應當爲這段婚姻而承擔的後果。我曾以爲兩人目光望去的方向是一致的，沒有想到，一直來都都是自己的一廂情願，是我自顧自地在婚姻裡掙扎，努力地想要維繫兩個人的關係，守護這個家。沒想過，原來對方早已將婚姻中的責任、應盡的義務撇得一乾二淨，只剩我還傻傻地努力著。於是，那個晚上我不帶任何情緒也沒有猶豫地對他說出：「我們離婚吧，我盡力了。」

●六份工作

當我決定離婚時，先生曾試著挽回，但是，要結束婚姻絕對不是一時的衝動，而是長期以來這段關係始終沒有平衡過，我也已經在這段關係中積累的太多情緒，而不是因爲事件發生導致的結果。其中決定離婚的關鍵原因，還是我的孩子。我不願孩子在父母錯誤的關係中長大，也不敢想像這段婚姻若持續維繫，會對孩子們造成怎樣的影響。

協調離婚的過程中，先生一直不願意面對我提出的離婚的要求，開始提出分開後孩子的監護權要一人一個。我堅決反對，並且告訴他，父母婚姻的失敗，孩子何錯之有，爲何要將手足拆散？堅持姊妹倆一定要在一起，絕對不能讓他們分開，更不希望他們經歷父母的分開，還要承擔姊妹分離的情況發生。先生竟以此一人一個做爲條件，不願意簽字，便搬離家中，自此先生一直不面對、不願結束這段婚姻而逃避聯絡長達五年，但爲了順利的結束這段婚姻，我委託律師轉知先生，孩子們的監護權我願意共同持有，父母親的身分不會因分開而有所改變，想要探視孩子、陪伴孩子這些都是我樂見的事情，不希望他們成長的過程中，失去父親的陪伴。儘管分開，還是想盡可能地給他們一個家，即使這個家和原本的不一樣了。

最後在同意監護權共同持有的情況下，先生終於簽了離婚協議書。我們十七年婚姻，也就此畫下了句點。

和先生分開以後，我慢慢告訴兩個女兒，過往不同的是，不必再承擔另一半帶來的風險，也不會再有任何的不定時經濟炸彈，需要擔心它隨時再有引爆的可能。我知道，我又再一次能全權掌握自己的人生了。儘管明白，一個女人在結束婚姻以後，同時又帶著兩個孩子需要承擔怎樣的壓力，但我願意爲了這個嶄新的開始，去努力、去付出，如同過往般地。

帶著兩個女兒離開婚姻，除了經濟上的壓力，還要承受親戚朋友們的眼光，時間上也因此被徹底的壓縮。我需要加倍努力的賺錢才能撫養兩個孩子，養這個家。同時也需要在每天結束工作，回到家時做好一個媽媽應該要做的事。

白天我依然在電子業擔任採購業務，而補習班的營運也如往常地持續經營。除此之外，利用下班及假日的時間，兼職擔任朋友公司的會計工作，協助核對帳務，整理需要的財務報表。這樣的收入，僅能維持我們母女三人的基本開銷。因此，我告訴身邊的朋友們，如果他們需要任何工作上的協助，儘管只是小小的工作，我都願意做，只要能夠多一份收入，我都可以做。當時，一位朋友在電台工作，他詢問我是否願意協助將錄音檔打成文字稿，後續提供予剪輯師上字幕，雖然費用不高，但電台長期都有類似的案件需求，我二話不說的應下這份工作，因此又多了一份收入。除了以上正職、兼職和創業的工作以外，同時也提供一些相關產業公司顧問的服務，利用多年來在電子業工作的專業知識，給予他們營運、產品以及採購上的建議。

那時就這樣爲了撐起母女三人小小的家，前前後後的工作加起來，在同一時間最多曾做到六份工作。身邊的朋友曾問過：「你同時間做那麼多工作，身體受得了嗎？」在那個當下，我感受不到勞累也不覺得辛苦，更多的是心理的踏實。因爲，我知道，從此以後所賺的每一分每一毫錢，都能在未來，讓兩個女兒有更多更好的選擇，讓他們不會因父母分開而犧牲他們的生活，只要孩子們提出想要上的才藝、想要學習的課程，我都盡可能地滿足他們的需求，希望他們能夠藉由這個過程，一點一點的發掘自己的興趣與志向，並期許他們在未來的道路上，能夠找到屬於自己人生的意義。

慶幸自己當時勇敢的結束了一段婚姻，中間也不曾因這段關係結束而感到焦慮或害怕，或許是我比誰都清楚，離婚，是爲了將來更好的生活。離婚這個決定不僅攸關我未來的人生，而我的決定，也同樣影響著女兒們，將來會用怎樣的眼光去看待婚姻。轉身離開不是一件容易的事，但慶幸有兩個女兒的陪伴，在每個艱辛的日子裡成爲了我的支柱，也成爲了堅持下去的原因。我的婚姻雖然不是完美的結束，但卻是充滿希望的開始。女人都需要有足夠的勇氣去相信自己，去相信自己值得更好的人生，並且相信自己的每個決定。

●四書五經

踏入婚姻前，我總是充滿好奇及好學的心態，對於許多工作都躍躍欲試，想要透過各式各樣不同的工作，找到自己在社會上的定位與方向。我曾做過百貨業的樓管、電子業的助理，也曾當過日本人的華語老師，以及偏鄉地區的代課老師。每一份工作都曾帶給我意想不到的驚喜和挑戰。

其中，擔任偏鄉的代課老師時，那段時光及學生們帶給了我許多很深感觸和體悟，也因此成了日後創業以補習班爲起點的養分。

因地域關係導致交通不便，偏鄉地區的學校比想像中還要多上很多，師資及教育資源的匱乏，也是臺灣長久以來無法被解決的問題。偏鄉的孩子們幾乎都需要靠自己步行或騎腳踏車上下學，因爲父母工作的關係不在身旁，多半爲祖父母代爲照顧，對於學校的課業能夠提供的幫助也很有限。常常聽到阿公阿嬤帶著一點臺灣國語和學生交談：「阿你今天在學校粗什麼?老蘇教的東西你有聽有沒有懂阿？」儘管發音不正確，但言語間卻能感受家人對於孩子的關懷。雖然如此，但祖父母始終無法替代父母的陪伴，長期父母不在身邊陪伴而成長的孩子，在我眼中總有種超越同齡人的成熟，是很難在都市的環境中看到的。光是在熙熙攘攘的街道，想像孩子自行騎腳踏車就讓人心驚膽戰，若途中發生萬一該如何是好。在代課的第一周，就給我很深的反思及體悟。

然而，正是在擔任代課老師的那段期間，真正意識到了教育對於學生的重要性。每天面對著一群熱愛學習的學生，我看到了他們眼中的渴望，明白了教育不僅僅是傳授知識，更是啟發思想、塑造性格的過程。由於是代課老師的身分，能夠做的有限，雖然沒有辦法再給予他們更多，但在最後一堂課時，跟孩子們分享這段時間的感受。告訴他們，儘管成長在資源不足的教育環境，依然有許多課堂以外的知識，是需要靠自己去追尋，同時也告誡孩子們，比起課業，擁有好的品格及學習態度同樣是一件很重要的事。因此在結束代課老師的工作後，心中也暗自決定，希望未來能用自己的方式，教導及陪伴自己的孩子。

大女兒三歲，小女兒一歲時，到了要上幼兒園的年紀，我以家爲中心搜尋附近的幼兒園，做了一些功課後，開始一通一通電話地撥，一間一間學校的問，想要瞭解學校的教學環境以及老師的教學風格。幼兒園時期，比起注音符號和加減算術，我更看重品格教育，希望女兒在學校能夠學會如何與人相處，並且擁有良好的品格禮儀，學會如何落實在家中及在外都能保持相同的樣貌對待周遭的每一個人。前前後後花了三個月，兜來轉去始終找不到心目中理想的學校。這時，有一個聲音在腦海浮現：「你有讀經班師資培訓經驗，也更懂自己的孩子需要甚麼，你可以自己教阿！」當這個想法出現時，沒有任何懷疑及猶豫，二話不說的就決定自己爲女兒量身打造教育計畫！隔日，迅速地將家中打掃一番，並將其中一個房間整裡出來，調整室內的空間及擺設，規劃成孩子在家上課的教室。接著，依照心目中理想的畫面，將想要帶給孩子學習的內容，規畫成一個一個的主題課程。於是，因女兒而成立的自家私塾就這樣開始了。

自家私塾從大女兒加上另一個老師的二個女兒，原本僅三位學生，慢慢變成了五位後開始慢慢增加。而自家私塾的課程著重兩個重點，一是很注重的品格教育，二則是讀經。讀經，讀甚麼經？我會帶著孩子們，一起讀《四書五經》！當我身邊的親戚朋友知道我在家中教小孩讀四書五經時，各種疑惑和質疑的聲音從四面八方而來，朋友問：「你認真嗎？三歲的小孩讀甚麼四書五經？他們又聽不懂，你教這個不會太深嗎？」即使面對種種聲音，我也不曾動搖過，因爲我非常清楚自己讓小孩讀經的目的，教他們讀《論語》不是爲了將來面對考試，讀《大學》給他們聽，也不是爲了培養什麼充滿文學氣質的詩人。《四書五經》有著許多華人世界的文化與智慧，我想讓孩子藉由讀經，接觸五千年前的社會、文化以及當時的教育。即使他總是懵懵懂懂的聽著，但日復一日地讀著，總會有讓他理解的一天。

有一次，朋友帶著小孩前來拜訪，那時的小女兒一歲半，牙牙學語的階段，可以說出的每個單字都十分標準，且不是用疊字表達自己的需求，總能很明確地說出：「媽媽，我要吃飯」、「媽媽，我想睡覺了」口語表達能力非常地清楚且明確。直到那次，我才有感地意識到，潛移默化地學習中，孩子能學到的往往比我們想像的還要多更多。於是，那次前來拜訪的朋友詢問，是否願意再多收一個孩子，讓他們一起讀經，一起學習。

就這樣慢慢地，從一個變兩個，兩個變三個，三個變五個，身邊朋友的小孩越來越多人加入，直到家中的小教室開始變得擁擠。於是，決定找一個合適的場地空間，成立一間自己的私塾補習班，也成爲了第一個創業項目。

●逆光而上

我的個性從來不會把事情想得太複雜，喜歡事情簡單的做，遇到問題就想辦法解決，所以很少會因爲一件事情猶豫不決，「只要確定了就不要想太多，直接去做。」在人生道路上秉持著這樣的精神，常常不知不覺就做了好多事，走了好遠。

自從確定要開補習班後，就開始各種查詢成立補習班的流程和相關規定，包含公司立案、場地的消防法規和課程規劃，每個環節、每個細節都仔細地一一確認，爲了能盡快地，讓家裡的孩子們有個全新且合適的空間繼續學習。很幸運地，在很短的時間內，在新北市新莊區找到了店面，親自和房東說明場地的使用用途後，房東沒有太多的規定和要求，非常爽快地就將房子租給我。

補習班的地點位於社區的住宅區中，隔壁是一間音樂補習班，對面則是英文補習班。剛進駐的時候，鄰居們並不清楚我們是一個怎樣的補習班，於是補習班門口外，每天總會有人好奇地停駐在門外望向裡面瞧。這時，我就會介紹我們是一間以品格教育及讀經爲核心課程的補習班，如果家中有小孩的家長們，就邀請他們一同來聽聽看讀經班是怎樣一回事。想讓好奇地家長們知道，讀經班的孩子們，即使讀的是含有深意的文學經典，但在讀經的過程中，會慢慢地培養孩子們的文學根基，且透過讀經大量地吸收文學經典與文字的精華。記得那年，大女兒三歲時報考全國讀經大會考，報考會考科目是「老子」，原本只是抱持著嘗試的心態，想知道女兒年紀這麼小，不知道在會考上會不會有不一樣的表現，完全沒有特別準備的前往考場，也告知女兒，這個考試沒有壓力，只是為了讓你有不同的體驗，輕鬆地面對就好。沒想到，那次會考，他從頭到尾一字不漏地將整首老子背完，在場考官及參賽者驚呼連連，沒有想過年紀那麼小的小孩，竟然可以參加這樣的會考，還能有出乎意料的表現。最驚訝的，還是身為媽媽的我，畢竟在家讀經時，都從未有過完整背誦的經驗，而且還常上演我不要的戲碼，能夠在這次會考表現地如此突出也是不曾料想地，同時，女兒的參賽也在那年創了讀經會考全國年紀最小的紀錄，讓身為母親的我，感到與有榮焉。

開班初期，我幾乎每天都會將補習班孩子們的成長紀錄寫成部落格文章，分享在親子平台上，目的不是為了招生或打廣告，而是很單純地，想跟同樣是媽媽的朋友們交流，想要聽聽更多不同的教育觀念，在學齡兒童的這個學習階段，提供心得和看法。除此之外，孩子們的健康及每日攝取的營養我也十分重視，每天去補習班前，我都會先到菜市場買午餐要煮的食材，每天堅持三菜一湯，想讓補習班的孩子們吃下的每一口都是新鮮的，讓家長們也都能放心。這些看似微不足道的堅持，也讓我們補習班因此多了一份情感的味道。隨著部落格分享的文章越來越多觀看人數，補習班的招生狀況也蒸蒸日上。曾經，那些對於我帶著小孩們讀經這件事，抱持著質疑和反對的家長，也都隨之改變想法。我很慶幸自己始終堅持自己正在做的事，也不曾因別人的看法而改變，才有了這間與眾不同的讀經班。創業路上從來沒有甚麼能夠一帆風順，唯有你扛住眼前的壓力，將創業道路上一個又一個的障礙物排除，接著再繼續準備面對下一個挑戰，日復一日的重複這個過程，這就是創業。

熬過最一開始，最困難的起頭，最辛苦的壓力，在補習班經營一段時間穩定後，就將補習班完全地交給夥伴管理，就這樣持續經營了十年之久，當我認爲，補習班不會再有甚麼太大的事情發生時，完全無法預料的狀況發生了。

● COVID-19 疫情

二〇一九年的十月，從新聞一開始播報「新冠肺炎」傳染病，規範民眾到公眾場所都要戴口罩，直到後來死亡人數持續攀升，全世界像被按下了停止鍵，補習班也無法倖免。疫情的發生，經營了十年的心血就這樣被迫暫停營業，當時也不知道這波疫情甚麼時候會結束，完全無法預料，也無法規劃下一步到底該怎麼走。補習班暫停營業的這段期間，我每天想著，說不定疫情就解除了，又或許明天就找到解藥了，我們又可以恢復正常的生活，繼續營業。但誰都沒想到，疫情徹底結束的日子遙遙無期，完全看不到盡頭，這無疑帶給了我巨大的打擊。補習班咬著牙撐了一年，最後還是因爲短期內沒有其他維持營運的辦法，宣告結束營業。

看著教室裡，當初的一點一滴都由我一步一步建立起來，在毫無預警的情況下結束營業，心中充滿不捨與不甘。不捨得這個補習班就這樣結束，不甘心我的事業就到此告一段落。重新思考，疫情之下能如何運用這個空間，還能如何爲了疫情後的生活做準備。邊想著自己的需求，以我們的日常生活爲出發點思考：「這個空間到底還做些甚麼事？這個空間重新開始我想做些甚麼？」經過一段的時間思考，發現，現在的社會以及當下的我，都承受著無比巨大的壓力，工作的壓力、家庭的責任、社會的期待等，這些重擔都讓我們的身體及心理超載了超過所能負荷的。尤其隔離期間，大家的生活步伐都被打亂，社會氛圍讓人感到隨時都處於崩潰邊緣，尋求心理諮商及精神科的數據亦日漸攀升。於是我想著：「做一個能讓大家放鬆且舒緩身心的空間。」

於是，毅然決然地決定，將補習班轉型爲美業 SPA 空間，將這個新的空間打造成能讓人抽離日常的場所。一如往常地，我同樣下定主意後就開始馬不停蹄的規劃，即便還在在疫情階段，但使命必達的個性從來都不容許我停下，在時局如此未知的情況下，想辦法將一切都準備完善，想將這個空間轉換成全新的 ME TIME 面貌，以迎接解封後的 ME TIME 生活。

第三章

只能堅定

●我的父親

「在我父親離開後的每一天，我沒有一天不想他。」

父親在我的人生中，扮演了很重要、很重要的角色。生命裡的許多重要時刻，也常常會想起父親對我說的話，並想著：「如果是他，他會怎麼做？」

從小我和父親不太常說話，我們每天的對話也僅限於問候彼此吃飯了沒，工作怎麼樣？除此之外，我們父女之間很少有真正談心的時光。父親因爲在工地工作的關係，每晚喝酒是他的例行公事，也只有在酒過三巡後，會說出一些他平時無法說出口的話。當他喝酒時，總會拉著我到客廳聽他說話，看他啃著瓜子配著酒：「爸爸不是愛叫你做事，是希望你可以多學一點，多懂一點以後才不會吃虧。」父親這樣說。每當他開始長篇大論時，我總會忍不住反駁：「你叫我做的事我都乖乖做，那我叫你少喝酒，你會乖乖做嗎？」這句話不只說出了我的不滿，同時也夾雜了內心深處的擔憂。擔心因爲父親愛喝酒的習慣，身體出現我們無法預料的狀況。他總會敷衍地回答道：「會啦，會少喝，你再陪爸爸坐一下，喝完這杯我就去睡。」就像許多傳統父親那般，他從來不會表達愛，也不輕易說出「愛」這個字。但總能在與他相處的過程中，感受他的「愛」是怎麼一回事。

就在小女兒一歲時，我最害怕的事情，還是發生了。

從來不曾喊累的父親，那陣子常常喊著身體好累，體力也不如往常，體重更是沒來由地銳減。看到這樣的父親，內心中的警鈴作響：「必須趕緊陪著爸爸去檢查」。於是，放下了手邊的工作，在很快的時間裡確認好醫院，安排好醫生，陪著他到醫院做全身的檢查。

「淋巴癌」檢查結果出來，是淋巴癌。醫生耐心地向我們解釋：

「二期的T型淋巴癌，只要好好配合醫院作化療，很快就會恢復健康的。」聽著醫生這樣說，我心裡的石頭放下了一半，另一半依然懸著。因爲爺爺當初也是因爲癌症而離開的，擔心事情有個萬一，父親也會因此而離開我們。當父親知道是癌症時，還是故作輕鬆地說：「沒甚麼啦，不幸中的大幸，我會配合做化療，你們不用太擔心。」家人們都知道，父親是爲了緩解大家的情緒，就怕自己的病情會讓家人提心吊膽，因此而說出口的話。從醫院離開後，我耳提面命的叮囑父親：「接下來每個月的化療你都要好好做，我都會陪著你，酒也趁這次戒一戒，不要再讓我們擔心了。」父親回答：「好啦，我這次會戒酒。」

就這樣，父親開始了漫長的化療，而他也眞的兌現承諾，不再如往常般那樣豪飲，而是很克制的小酌。儘管不是完全戒酒，但內心始終感動父親願意配合，且很順利地完成所有療程。

病人在療程期間，「求生意志」是最重要的，當時父親深怕會成爲我們的累贅，變成家人的負擔，所以十分積極的配合化療，只爲了能盡快痊癒。療程結束後，父親的狀況逐漸好起來，醫生告知：「後續只要定期追蹤跟回診就好，恭喜你出院。」期間父親的病情一直控制得很好，七年間也完全沒有復發的跡象，讓我原本懸著的心，好好地放下了一陣子。

父親一直以來總會告誡我們三姊弟，手足間的親情有多麼重要，他常常耳提面命地告訴我們：「這個世界上，除了父母親外最深的血緣，就是兄弟姐妹了。你們三姊弟要常聯絡感情，才不會〝生分〞」。而他也總是以身作則，敬重兄長；愛護弟妹，可惜的是，並不是每個人都如此看待手足之情。罹癌後的第七年，父親身體狀況始終維持平穩，直到後來因爲和叔叔嬸嬸的紛爭，心情鬱悶又低落。而這樣的心情，又再一次影響了他的身體，他的癌細胞也因此而復發。

「癌細胞轉移到肝，是肝癌」醫生說。於是，父親又再一次緊急入院，醫生說父親的黃疸指數過高，這次病情要根據黃疸指數決定是否能接受治療。我心中的警鈴頓時大作，想著又要再一次經歷這提心吊膽的過程，當我腦中還在思考接下來需要安排的事情時，到醫院探望父親的大伯聽到父親的狀況，突然轉頭詢問父親：「你的骨灰罈要跟誰買，你有想好要放在哪裡嗎？」當時，媽媽陪在父親身邊，沒有想過會從大伯嘴裡會聽到如此冷漠的話。向我轉述，我憤怒地想要和大伯理論，問他到底說的是甚麼話？怎麼可以對自己的弟弟說出這樣的話？這樣到底算甚麼手足？算甚麼兄弟？正當我上前準備對大伯咆嘯一番時，父親拉住了我的手，示意我不要回話，要尊重長輩。而他，只是靜靜的看著大伯沒有說話。

父親那次入院以後，就再也沒有出來了。

大伯的話遊蕩在耳，我氣自己為什麼沒有把想說的話說出來，氣自己爲什麼讓父親承受這些不堪的話，而自那天以後，父親的身體狀況急轉直下。

父親就這樣一直躺在病床上，或許他也不曾想過，自己如此重視的手足會說出如此荒唐的話吧！很快地父親再次辦理了住院手續，而我也開始了工作、醫院、家裡三地跑的生活。不放心父親交由他人照顧，就和媽媽以及兩個弟弟輪流陪伴父親，祈禱他能好轉的那一天。

就這樣，父親在醫院的住院的期間，身體一直沒有好轉的跡象，直到四月清明節再次入院時，父親因生病水腫的關係，體重已從原本的八十公斤，變成一百零五公斤，隨時都需要有兩個人在身旁，才能攙扶他到想去的地方。水腫的皮膚讓他變成不是我記憶中的爸爸了，想幫他按摩手腳，接觸到的部位卻一按就凹陷無法回彈，看著爸爸日漸衰弱的身體，我不知道該怎麼安慰他，也對接下來會發生甚麼事感到手足無措。「不知道我還能不能吃到端午節的粽子」父親突然惆悵地說，爲了不讓父親察覺我的情緒，故作輕鬆地回答道：「端午節的粽子有那麼好吃嗎？你想吃我隨時買給你都有，只要你好起來。」說著這句話時必須憋著氣，才能努力地抑制將要奪眶而出的淚水。

最後一次住院長達三週之久，父親狀況始終不見好轉，後期進入半昏迷狀態，也因爲止痛劑的關係清醒的時間非常短，當時除了我們一家人，姑姑也會每天到醫院陪在病床旁，和父親說說話。其實我們都知道，但沒有人願意說出口：「爸爸不行了」。那天姑姑和父親說完話，拉著我到一旁對我說：「你是家裡的長女，要準備好讓爸爸離開了，有甚麼想說的話就快點說，不要讓你爸爸抱有遺憾無法放心的走。」我忍住淚水，不願接受現實。

「不知道該如何準備，才能欣然地接受父親的離開。」我想這個世界上，誰都沒辦法爲了告別親人而作好準備吧。

看著父親日漸痛苦的模樣，儘管心裡萬般痛苦，也不願他再繼續受折磨。詢問醫生，是否可能請假帶他回台東，醫生不敢做下任何的決定，而父親還抱著一絲他還可以再接受治療的希望，跟我說，沒關係等他病好了，再回台東，然而老天爺都是這樣捉弄人的吧？說完這句話的隔天，醫生就表示希望我們將父親轉往安寧病房，在安寧病房這段期間，姑姑們幾乎每天前來陪他聊天，親朋好友也紛紛來跟他聊天，可是父親心裡盼望的兄弟卻未曾來過，人生總是會留著一點遺憾吧，我在那段期間，也避免與他對話，因爲我知道他在等我的一句話，直到姑姑告訴我：「你爸爸在等你開口，讓他好好的離開吧」。

最後一次父女相談，推著父親到醫院外的草皮上曬曬太陽，看著那無法回彈的皮膚，我問他：「痛嗎？」他淡淡的說：「痛，那不然怎麼辦⋯⋯」我忍住淚水跟他說：「我看了也很痛。」

心中有數這或許是我們父女間最後的時光了。非常掙扎地對父親開口：「你還有甚麼話想跟我說嗎？」人生中經歷了那麼多，這句話，是我這一生中，最煎熬也最痛苦的一句話。

「我一直在等你開口，我放心不下你媽媽，還有兩個弟弟，以後就要拜託你了，代替我好好照顧他們。」我撇過頭不願讓父親看到我潰堤的模樣。爸爸接著說：「一直以來，你都不曾讓我擔心過，我相信你能好好照顧自己的。」

「再辛苦，我都會照顧好他們，直到我不能照顧爲止。」父親聽後，安心地點了點頭。

那天，父親的朋友們都來探望他，大家都想珍惜最後的時間和他說說話。父親和朋友們聊完天以後回到病房，交代姑姑明天不用再跑一趟了，叮囑姑姑在家好好休息就好，而他就這樣在病床上，三天後靜靜地睡著離開了。

父親離開以後，我總忍不住想，若當初我繼續忍著，不要將那句話問出口，父親是不是就不會走了？每每想到那天的情景，我總是會忍不住的責怪自己，感到不捨與懊悔，多希望父親能夠依然健在，持續地陪在我身旁。但是，不論我怎麼想，似乎都無法改變這樣的結局，父親就這樣永遠地離開了。

直到父親離開前，我都沒有和父親提過當時婚姻的狀況，當父親詢問我：「家裡最近怎麼樣？」，我總是輕描淡寫地帶過，只因我不願父親再承受其他的煩惱，也不願他放不下心，拖著病體還需要擔心我，而因此無法安心地養病。所以到父親離開前，都不知道，我已準備結束了這段婚姻，並且用自己的方式過好自己的生活。如今，總忍不住想，若他知道會怎樣回應我，會不會替我感到惋惜或開心？而這個問句，我這輩子都無法得到解答了。

從小跟在父親身旁看著他，不論是在工作、親人還是朋友間，總是心甘情願地被人佔便宜。我原本不懂，他這樣做的原因何在？但日復一日地，看見父親始終表裡如一的待人處事，日常裡，父親也經常告誡：「寧願我們吃虧，也不要佔人便宜。」不論是生意還是人際關係上，父親都抱以同樣的態度面對所有的人、事、物。雖然，父親也經常因這樣的處事態度，扛下了許多本不該屬於他的責任，以及許多不必要的支出，還經常為此和母親發生爭執。曾經，無法理解父親為何總是願意犧牲自己去付出，卻很少換得同樣的對待及回報。但父親離開了以後才漸漸明白，父親從不希望我們去「爭」，因為他比誰都清楚明白「爭奪」背後所要付出的代價。上天會公平地，將你所付出的一切以各種形式回報在身上。在父親最後的那段期間，我看到了許多父親的朋友、客戶前來探望他，父親累積的好人緣，足以讓他在這個世界上留下舉足輕重的痕跡。

親愛的爸爸，感謝您，用您的一生教會我，用坦然的態度讓我學著如何「不爭」的待人，不論在婚姻或事業，都會想起您的告誡。感謝您，我才有機會擁有今日的一切。

「也感謝您，在此生成爲我的爸爸」。

●關於信念

我的創業路上，雖然充滿著許多的不得不，不得不創業；不得不開補習班；遇上疫情不得不轉型。但是，這一路上，始終堅持自己的信念：「只要相信自己可以，就一定可以。」因爲抱持這樣的信念，讓我有機會經歷了許多從前不曾想過的事。

初期在電子業工作的期間，秉持著對自己的信心和信念，儘管沒有任何的相關理工背景及經驗，但我一直相信，只要努力肯學習，就能勝任任何工作。這樣的信念讓我總是能正面地迎接工作中的各種挑戰，並且積極參與各個部門的工作，同時，亦不斷提升自己的能力。儘管在工作經歷上，偶爾會有同事對於輪調和職務感到困惑，但我從來不在意。相反地，將之視爲機會，一個能夠學習不同技能和了解公司運作的機會。總是努力完成每一個交辦事項，想以此證明自己的能力與價值，隨著時間過去，也逐漸地獲得了尊重與認可。

電子業學到的一切技能與專業，也爲後來的創業之路打造了堅定的基礎，我學到了如何進行財務分析，也懂得如何拓展客源，同時，也很明確地知道該如何維持一間公司營運的關鍵，這些都是當初在電子業的工作中，藉由部門輪調不同工作的過程中學習到的。也正因爲對自己的信念與堅持，才有機會創立自己的事業，因此才有了第一間補習班，直到如今轉型而成的美業空間。

當我決定成立美業空間，從一開始的品牌策劃到後期店面正式開業，前後時間加起來不到三個月就將一切定案，不讓自己有太多猶豫及躊躇的空間，決定了就傾盡所有心力，只爲了實現自我目標，以及對自己的承諾。夥伴們曾問過我：「若是過程中，有任何的突發狀況及問題無法解決，該怎麼辦？」我總會以自己的經驗與他們分享：「沒有任何一個事業能夠一步到位，所有的事情都是且戰且走，相信不論是任何挑戰或困難，我們都有足夠的能力與經驗能夠解決，所以不要擔心，就放手去做吧！」我也十分感謝我的夥伴們，總是對於決策完全地信任，也願意跟隨我的腳步去成就新的事業。將來，希望將我們的美業空間，注入更多的品牌理念與精神，讓前來消費的客戶們，都能感受到我們持續提升的服務品質，將這個空間，打造成客戶心目中的首選之地。除了客戶，也將落實企業社會責任，將我們所獲得的回饋到社會上，除了捐款予教育、扶貧等相關基金會或單位外，同時也希望將這份愛與溫暖帶給更多需要幫助的人。期許未來，我們能成爲社會信賴且具有影響力的企業。

除了保持信念且持續地相信自己以外，如何不受動搖的「堅定」也是很重要的一點。當初創立補習班，以讀經爲授課核心時，也曾遭遇過各種質疑，好的評價與壞的評價同時湧現時，我選擇讓一切淡淡地過，不被任何的評論而影響。因爲，「我始終堅定自己正在做的事情，是對的事情，是好的事情」。縱使讓年幼的孩子讀深奧的四書五經，對於部分家長來說，感到難以理解，但社會上不只存在一種教育理念，希望藉由讀經班能帶給那些家長們新的觀點，用不同的角度去看待「讀經」與「教育」這件事。將遭受過的批評，都視爲養分，成爲茁壯的動力。曾經發生過地一切，都不曾影響我的決定，也從未有過停止或改變方向的念頭。

另外，則是對於共事者與團隊的態度，我挑選夥伴的條件一向是「疑人不用，用人不疑。」當決定合作的對象或是團隊的成員時，便會選擇全然地相信，相信自己用人的眼光，也相信共事的對象。但凡有任何一點疑慮，或者存在一點不信任感，那麼，這樣的合作對我來說，不僅消耗心力，也會消磨時間。儘管，許多朋友告訴過我「太相信人會成爲你的致命傷。」而我也的確因此而付出代價過，但是，我不會因爲任何一次失誤，而從此轉爲保守，開始小心翼翼。對我來說，要時刻防範身邊的人這件事，實在是太吃力，不是我的個性，也不符合我的信念。所以，保持著信任，與身邊的每個夥伴共事著。

不是每個人都需要如此堅定的信念才能展開一件事，但抱有信念能讓你在低潮和無助時，成爲衡量決定的依據，成爲評斷事件的標準。抱有信念，會在每個努力的過程中，不斷地提醒：「你所做的決定是對的，也是絕對值得的！」

●要創業嗎

當現在有人問起我：「我該嘗試創業嗎？」我總是帶著百分之百的堅定回答：「不要。」

補習班做爲當時創業的起點，初衷很簡單，只是希望能夠有一份工作，可以同時賺錢又能夠陪伴小孩成長。想法很簡單，但執行起來卻比想像中的要困難許多。尤其創業初期會面臨到各式各樣不同的問題，行政、人員、營運、業務…等，在資金和資源有限的情況下，基本上是「一人」公司，所有的問題都需要靠自己解決和處理。當補習班的營運慢慢地漸入佳境，學生客源和課程都穩定後，我也將手中的業務慢慢卸下，交給夥伴們去執行處理。正當以爲工作可以輕鬆一點時，碰上了先生投資上的突發狀況，導致決定結束婚姻關係，而我就此帶著兩個女兒獨自生活。工作和家庭同時消耗著我的精神，也幾乎用光了我所有的精力，面對壓力時，也無法再如往常般從容的排解。身爲單親媽媽的我，卻沒有喊累叫停的空間，需要撫養兩個女兒，需要面對每個月的房貸和家庭開銷，只能想辦法硬著頭皮咬著牙撐過去。

碰上疫情補習班被迫停業時，曾想著多年來的努力，還是因爲不可控的因素要畫下句點了，轉念一想，打造了一個能夠療癒身心的美業空間，持續營運著。這一切的一切，不論是當初開補習班，或者如今的美業空間，都不是規畫好的人生計劃。人生的轉捩點，或許就是在每個沒有退路的時候發生的，而你能做的就是相信自己，堅定地向前。

創辦美業空間時，我沒有接觸過任何相關產業，也沒有任何的人脈或資源，但我依然毅然決然地投入了。當時想，如今美業空間那麼多，該如何打造我的品牌，凸顯與他人的差別，做出品牌特色。因緣際會下，在某個場合中認識了一位朋友，知道我正在規劃美業空間，因此送我一款「脈輪精油」希望試用過後，再將反饋心得給他。當時對於脈輪的概念，以及精油品質的好壞，尚不懂之中的差別，但那位朋友告訴我，脈輪會反映你的身體狀況和身心症狀，藉由精油去平衡身心的健康。「這不正是我想要的嗎！」當朋友告訴我更多有關脈輪精油的知識時，我就確信了這正是我希望帶給客人的。於是，拿著這瓶精油請店裡的美容師試用在我身上，眞切的感受到，與從前使用其他產品按摩的感覺完全不同，心裡得到舒緩及放鬆，而身體也不會因爲精油而帶來負擔和油膩的感受。隨後立刻將這樣的反饋提供給了朋友，並且洽談合作的可能性。

回頭看，總覺得自己很幸運，創業的每一步，無形中都能得到周遭朋友的幫助，彷彿一切早已準備好，就等著我向前。我始終相信，當你眞心想做一件事情時，身邊的能量會自然而然的聚集，並成爲推助你向前的力量。相同地，我也總是帶著這樣的心情，盡可能地去協助身邊的朋友，不論是創業或者婚姻上的困擾，總希望能藉由自己的經歷，轉化成力量實際的去支持他們。

創業的過程，會一次又一次地遇到困難，接著再靠著自己，渡過一次又一次的難關。每當感到疲憊不勘時，總會想到我的兩個女兒，提醒自己當初決定創業的初衷。他們一直以來都是我的動力來源，每每想到他們，就覺得自己又有了持續向前的動力，若不是他們，或許我沒有辦法走到這麼遠，走到今天這個地方。所以，當有人問起，是否要創業時，我更希望的創業的人要能夠仔細地反覆思考，創業的起心動念是什麼？若只為了賺錢，將金錢視為創業的起源，很容易因為營運狀況不如預期，又或者資金狀況不佳時就選擇結束。

「要創業嗎？」這個問題，能問的對象只有自己，能回答這個問題的人，也只有自己。只要是發自內心真正想做的事情，相信就會有足夠的勇氣和力量去面對，未來可能發生的一切。

●明年的雪

「擁有兩個寶貝女兒，遠勝過創業帶來的成就與快樂。」

我的兩個女兒個性南遠北轍，大女兒是名符其實的慢郎中，總是看他不急不徐地慢慢來，身旁若沒有人叮嚀，就會盡可能的讓一切在自己舒服的方式下進行，也從不因外在的變動而改變生活節奏；而小女兒則是急驚風，做甚麼事情都行動派，常常思考過後不會猶豫太久，決定後就會馬上執行。「獨立自主」是兩個女兒最大的相似之處，他們總能打理好自己的課業安排其他活動，不會讓我擔心過。

大女兒從懂事以來，就知道我和他父親婚姻的狀況，她從來不會表達意見，也不願做任何更深的討論。當決定結束婚姻時，我分別詢問兩個女兒：「媽媽和爸爸決定要分開了，你們有甚麼想法嗎？」大女兒回問：「你們一定要離婚嗎？如果之後到學校，同學問我，我要怎麼回答？」那個年紀的她，很在意同儕間的看法，擔心父母親分開以後，她會從此在學校被訕笑、被討論，被貼上單親的標籤。我告訴她：「這是媽媽和爸爸溝通很久以後做出來的決定，你和妹妹不會分開，將來爸爸還是會經常來探望你們，同學若問起，你可以跟他們說，我的父母分開了，但還是一個家。」大女兒靜靜地聽著，我知道可以用更成熟的立場跟他說明目前的狀況：「若是這段婚姻持續，爸爸依然對投資抱有期待的話，很可能會犧牲我們現在的生活，最差的情況就是我們搬回阿公阿嬤家住，你願意嗎？」大女兒意識到，若爸爸媽媽繼續維繫婚姻，我們將來可能會面臨到的風險後，她說：「那就分開吧，我不喜歡搬家。」聽到大女兒地回答後，我知道，她口中的「我不喜歡搬家」只是想讓我和她爸爸的愧疚感少一點，因而用這樣的方式帶過。過程中，我依然持續地關心大女兒的狀況，希望能夠將我們離婚帶給她的傷害降到最低，希望用她能接受且能理解的方式，陪著她慢慢地做好心理準備來面對父母即將分開的這件事。

得到大女兒的理解後，輪到小女兒，我用同樣的問句問。小女兒從出生後和爸爸就沒有太多互動，因小女兒出生時是高敏寶寶，嬰兒期間哭鬧的頻率很頻繁，爸爸覺得和過往大女兒嬰兒時期完全不同，所以無法像疼愛姊姊般的疼愛她。她的印象中，爸爸總是在罵人，對於爸爸也沒有太多的情感在，反而很豁達的說：「分開很好啊，反正對我沒有甚麼影響。」小女兒的回答減輕了我原先的擔憂。

離婚的過程，因爲財產及監護權，和先生各自聘請了律師，花了比我想像中還要長的時間來處理所有的問題。最後在正式簽下離婚協議書時，我沒有讓兩個女兒到現場，因爲，心理上的接受與實際場景的發生，完全是不同的事，我不希望他們面對這樣的情況，從此在心中留下任何陰影。我告訴先生：「你欠老大一個道歉，你對她無形中的影響遠比你知道的還要深。」

大女兒小二時，參加了一場鋼琴獨奏表演，過程中一度忘了樂譜中斷了表演，先生在台下忽然發出一聲冷笑了。表演結束後，先生用指責的語氣問：「練習了多少次還能彈到忘記，你知不知道你這樣有多丟臉？」女兒跑下台後，抱著我哭了好久好久，從那次以後，女兒抗拒任何台上單獨的演出，因爲爸爸的那一聲冷笑，成了女兒心中的陰霾，始終無法跨越。我告訴先生，這件事情對她來說的影響有多深，若他沒有親口對女兒說聲抱歉，那這個檻就會成了女兒心中永遠的結。

分開以後，我不知道先生有沒有說出口那聲抱歉，但是後來，我依然持續不斷地鼓勵她，希望能重建她的自信，再一次上台，不需要證明甚麼，因爲光是能夠站上舞台，對我來說，就是我的驕傲了。直到現在，她又慢慢地跨出了那一步，再一次嘗試在舞台上表演。我覺得那樣的女兒，很耀眼，而我，不論是台上或台下的他，都讓我感到引以爲榮。

而我的小女兒，則是一個很戲劇化的孩子，無論他到甚麼環境，總是能在很短的時間裡就輕易地融入到各種圈子，這是他的長處。在家裡，她是個很喜歡許願的小孩，每天會聽到她的嘴裡訴說著自己的小小願望，想要吃甚麼、想要去哪裡、想要放個假，她的願望總是那麼簡單又單純，讓身旁的我們能很輕鬆地完成她的願望，而她也常常因這些願望達成感到滿足。身爲老么的小女兒，老么的性格在她身上完全毫無違和地展露，不喜歡出風頭，凡事都很隨興地過。直到她國三時，第一次參加擊劍比賽，她仍一如往常地帶著輕鬆的心情上陣，但那次比賽沒有得到很好的成績，原以爲她從來不在乎輸贏的結果，卻在比賽結束後看到我的瞬間嚎啕大哭，我才知道，原來她平時表現地一派輕鬆，從來都只是不想讓我擔心罷了。看到她毫無保留地將她的情緒在我面前完全地釋放，此時我的內心感到欣慰，原以爲甚麼都不在乎的小女兒，原來還有這樣的一面。我才知道，她也希望努力能有所回報，也希望付出能有所收穫。我緊緊地抱著她對她說：「比賽的輸贏代表的是你努力的過程，你有勇氣上台，有勇氣參加比賽，這些都已經讓我感到很驕傲了。」聽到這些話的她，才收起難過的情緒擦擦眼淚，給了我一個溫暖的笑臉。

帶著兩個女兒，展開新的生活到現在，我給她們的承諾：「未來我們的日子只會越來越好，媽媽會成爲你們最強力的後盾，就像你們支持我那樣。」對於兩個孩子，我始終無法用相同的教育方式來教導她們，但我用同樣地愛去給予他們倆關心與照顧，希望她們感受到的是媽媽的愛，和這個家的溫暖，並不會因爲少了爸爸而變得不同。

過往總是忙於工作，如今也依然在面對事業上的種種挑戰。我領悟到，生命中的美好會在你經歷一切渾沌、悲傷與低潮後，以意想不到的方式出現。我更懂得人生中所有事項的優先順序，並和女兒們約定好，每年都要帶著她們出國旅行，一起約定好，看看明年的雪，是否眞的如電影般的美好。

書　　名：紅磚精神－以家爲起點的創業路
作　　者：游沛淇
出版單位：唯尊生技股份有限公司
地　　址：新北市新莊區中港路 531 巷 52 號
電　　話：02-22798568
定　　價：380 元
語　　言：繁體中文
出版時間：2024 年 6 月
版　　次：初版
代理經銷：白象文化
ＩＳＢＮ：978-626-98686-0-5